Boys Colouring Book: Aeroplane & Helicopter

I0772675

1

2

3

4

5

6

7

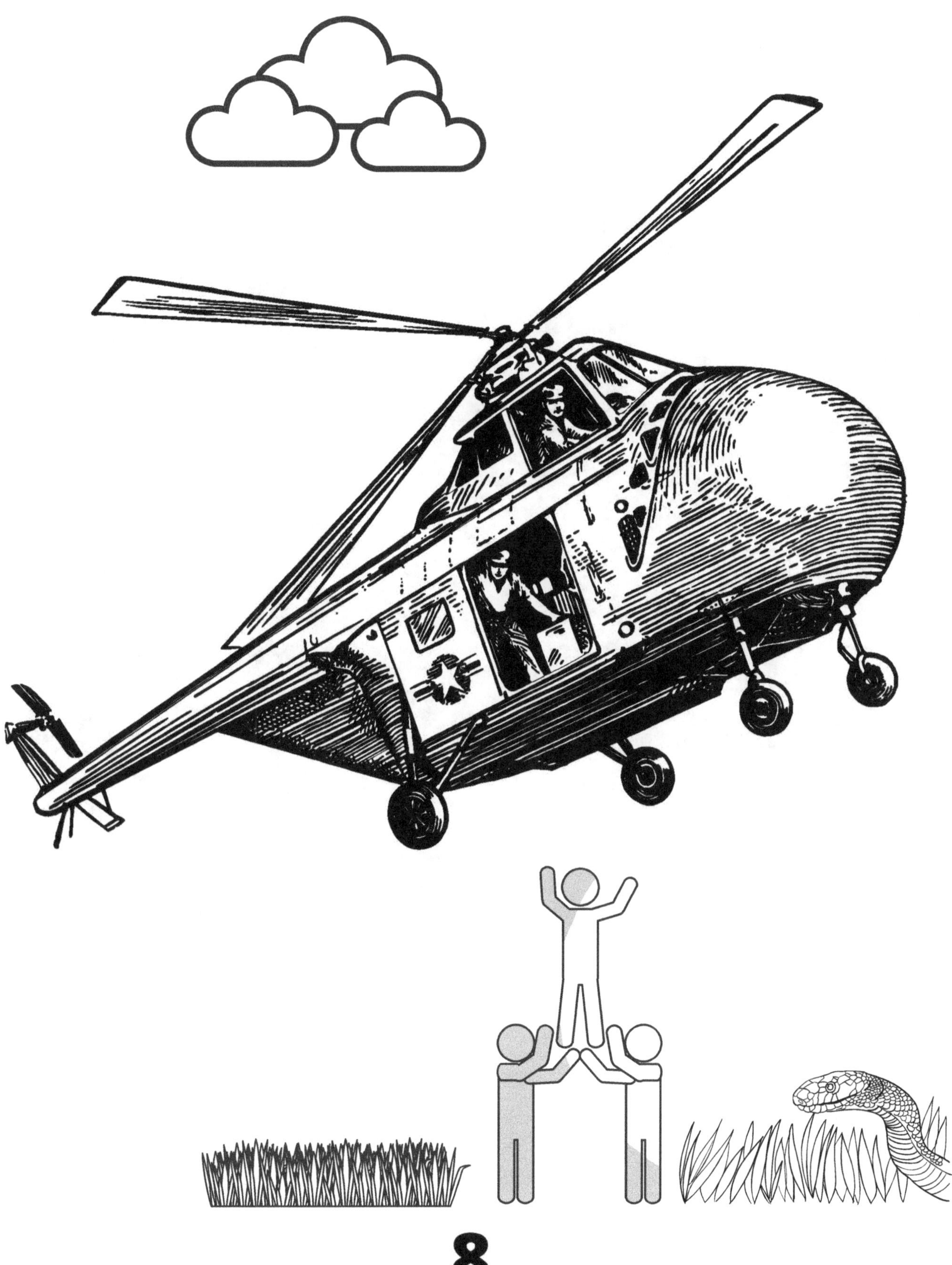

8

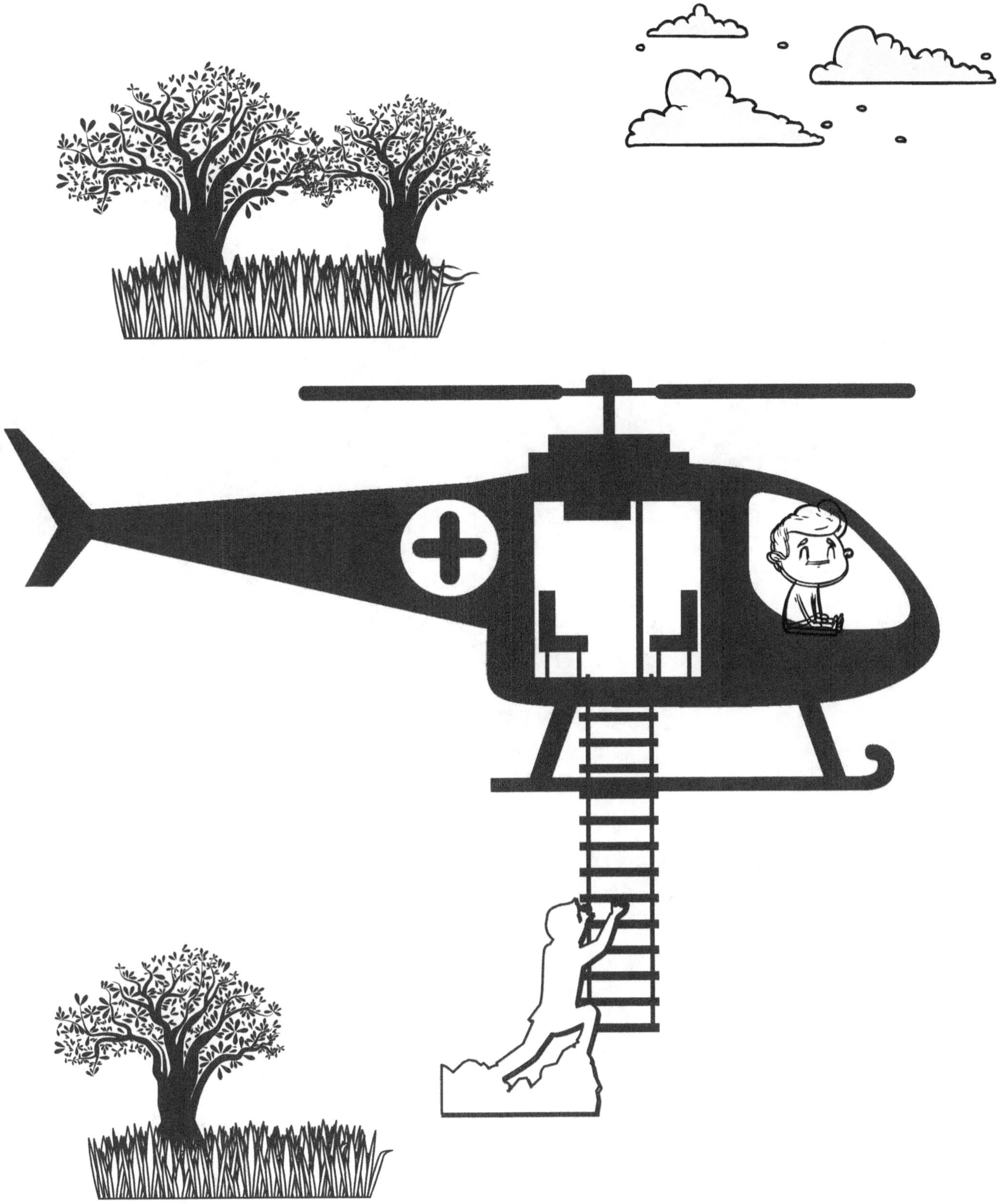

9

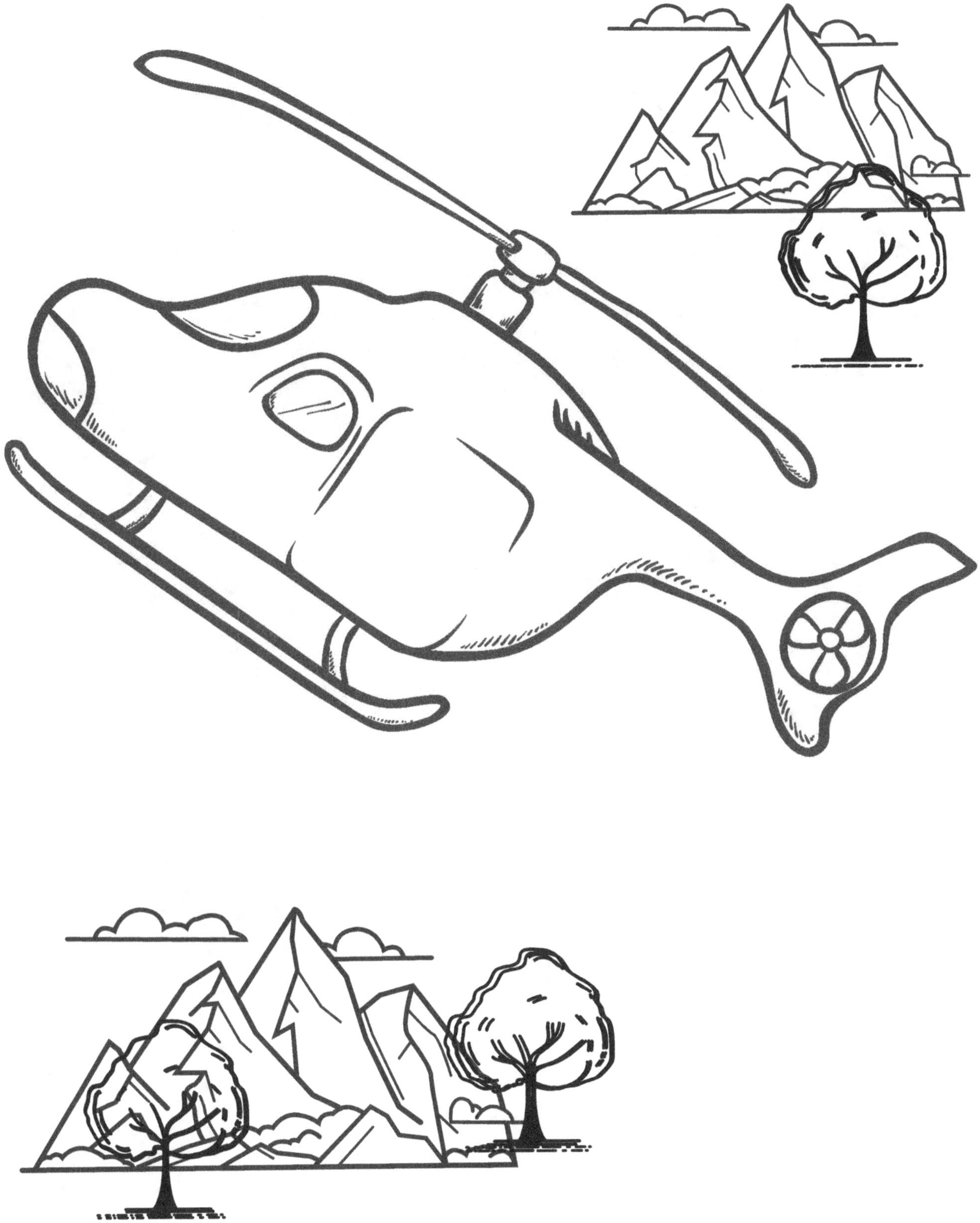

10

11

12

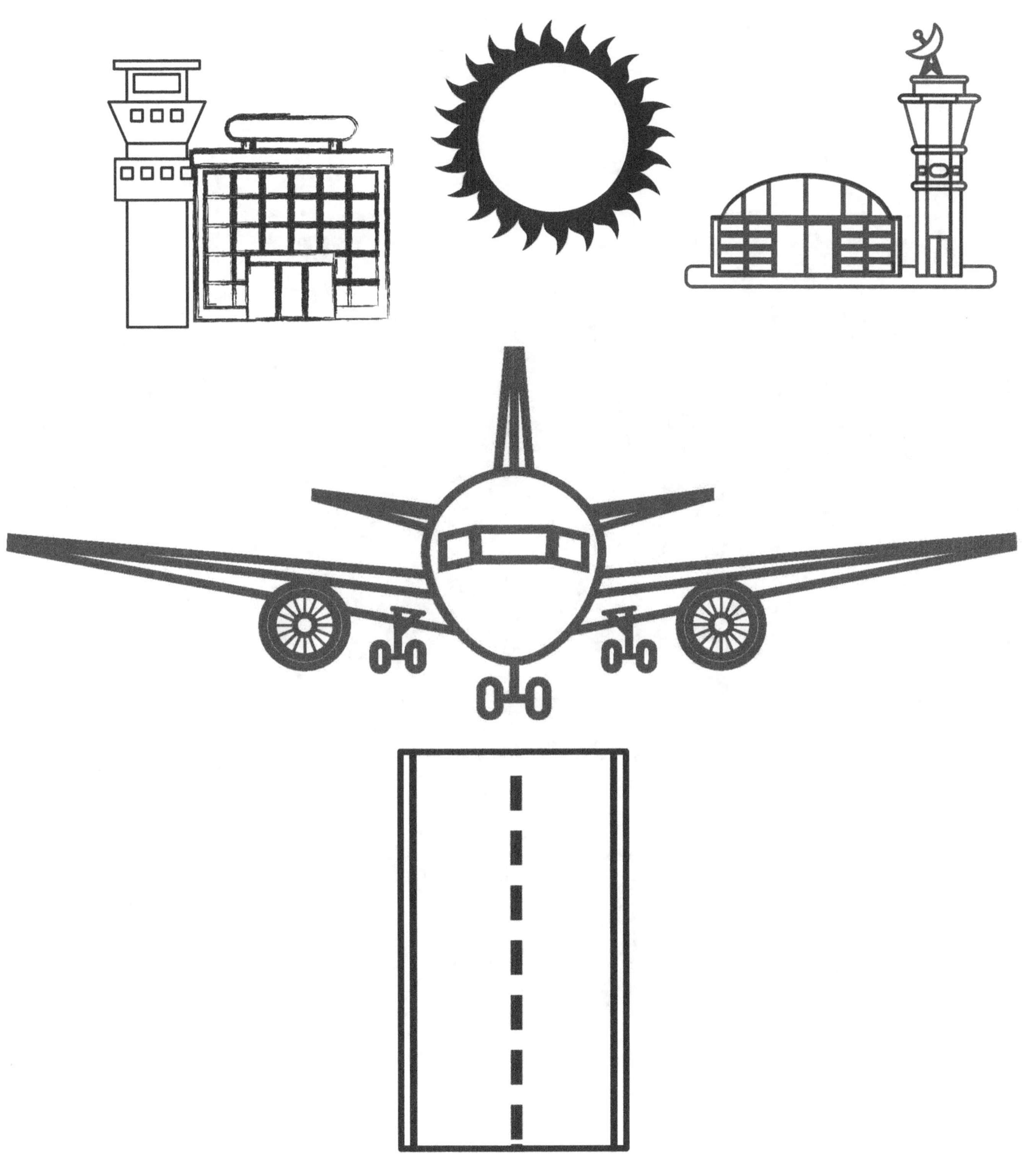

13

14

15

16

17

18

19

20

21

23

24

25

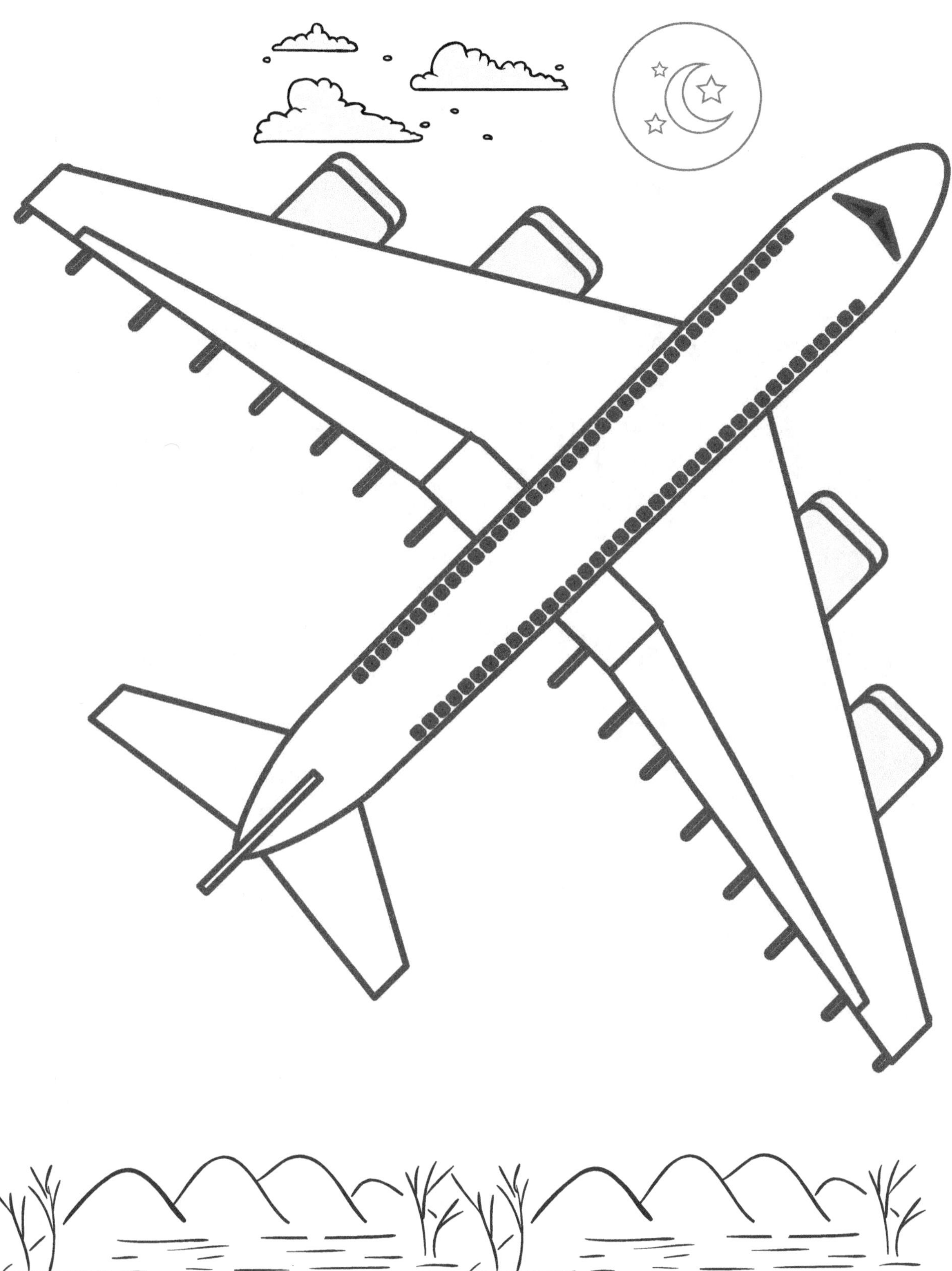

26

27

28

29

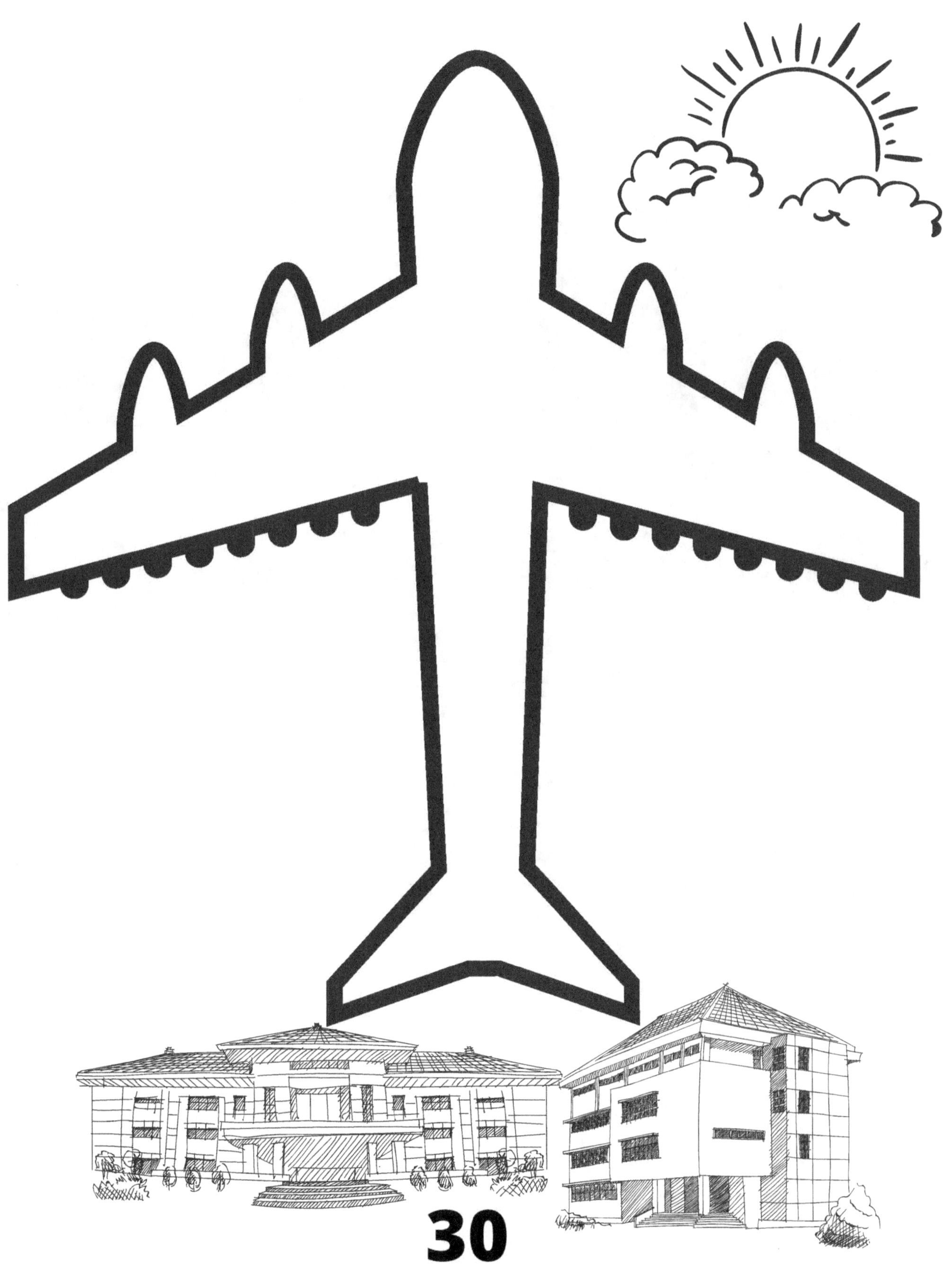

30

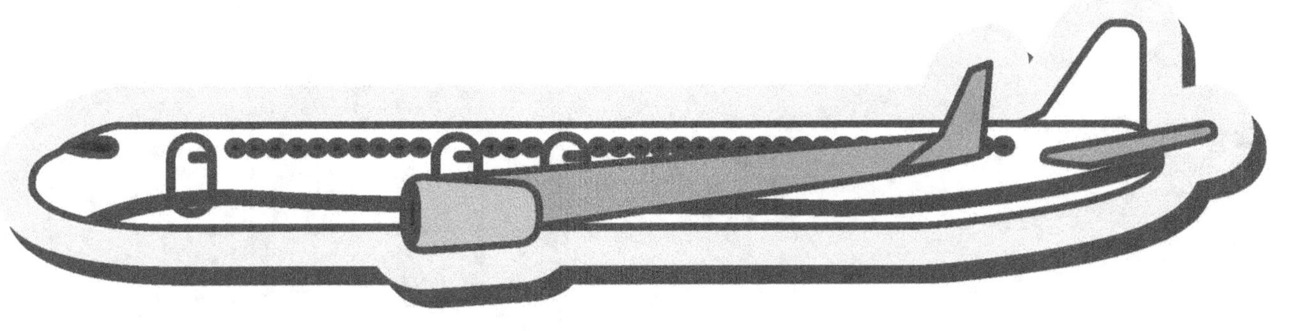

31

32

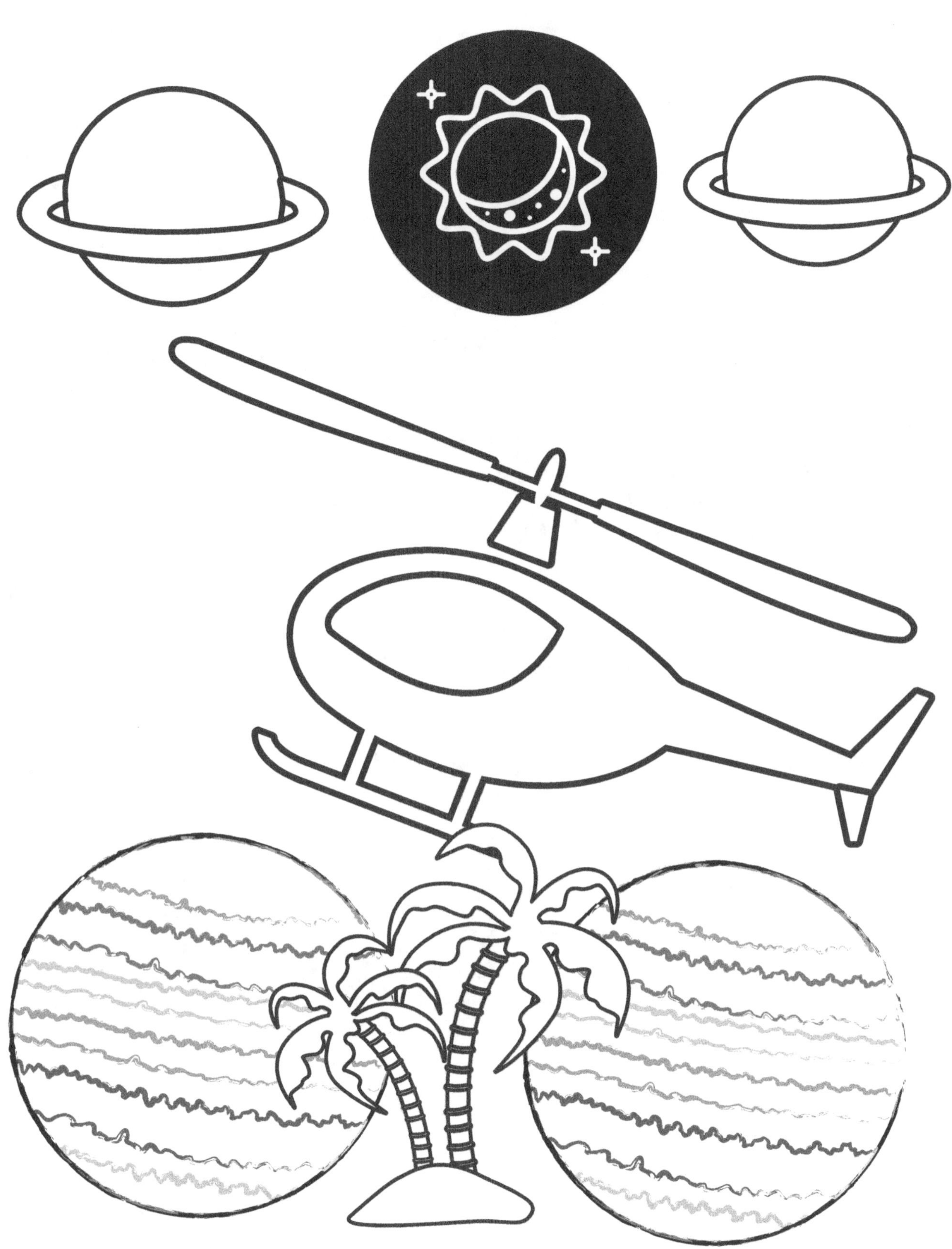

33